GEERT DE SUTTER

Sara y Simón

BUSCA Y ENCUENTRA

Jesús de niño

Título original: *Jesús, petit garçon*

Dirección: Guillaume Arnaud
Dirección editorial: Sophie Cluzet
Edición: Marie Rémond, asistida por Valentine de Lingua de Saint Blanquat
Edición española: Santiago Herraiz, asistido por Miguel Mirón
Versión española de Miguel Martín

© Mame, París 2023
© Rialp, Madrid 2024 de la versión española
Manuel Uribe 13-15, 28033 Madrid
www.rialp.com

ISBN : 978-84-321-6659-4
ISNI: 0000 0001 0725 313X
Depósito legal: M-491-2024

Ajuste de preimpresión: www.produccioneditorial.com
Impreso en Anzos, S. L., Fuenlabrada (Madrid)

Sara y Simón

Los amigos de Jesús

Félix y Estrella

El maestro y su hija

Blanca y Moreno

El gato de Estrella y el gato de Sara

Quintina

La cabrita

Junto a Sara y Simón, acompañados por Fermín,
el perrito de tres patas, ven a encontrar a Jesús niño.
A lo largo de estas páginas le verás nacer, crecer
y convertirse en un joven.

Los ángeles han anunciado una gran noticia a los pastores: ha nacido un Salvador,
en el pueblo de Belén. Los pastores se apresuran hacia el portal donde encuentran
a María, José y al pequeño Jesús, en pañales y acostado en un pesebre.
¡Qué guapo es este hijo de Dios!

Jesús es aún un bebé. María y José lo llevan a Jerusalén para presentarlo al Señor.
Allí están Simeón y Ana, que reconocen a Jesús como el Mesías. Simeón es un anciano
a quien Dios había anunciado en sueños que vería a Cristo.
Tomando al pequeño en sus brazos, se emociona y bendice a Dios.

BUSCA Y ENCUENTRA

LA CÓLERA DEL REY HERODES

En Jerusalén, el rey Herodes se entera del nacimiento del rey de los judíos.
Está celoso de este recién nacido. Furioso, ordena la muerte de todos los niños
de menos de dos años. Por eso, los soldados recorren Belén y sus alrededores
para que perezca el nuevo rey.

LA HUIDA A EGIPTO

Advertido en sueños del peligro, José lleva a María y a Jesús lejos de Belén.
Huyen a Egipto, ese país desconocido donde estarán seguros.
Tras la muerte de Herodes, el ángel del Señor aparecerá de nuevo a José
y le dice que puede volver a su país.

José obedece al ángel y lleva a María y al niño Jesús a Nazaret,
un pueblecito sencillo y bastante pobre de Galilea.
Es aquí donde Jesús pasa toda su infancia.

BUSCA Y ENCUENTRA

Jesús ayuda a José en su taller de carpintero. José le transmite su saber
y su experiencia. A Jesús le gusta trabajar la madera con él,
construir toda clase de cosas: sillas, mesas...

José y María rezan con frecuencia con Jesús.
Le enseñan las oraciones judías. Acuden juntos a la sinagoga.

JESÚS Y SUS AMIGOS

A Jesús y a los demás niños del pueblo les gusta jugar juntos.
Crecen ayudándose, con alegría y amistad. Jesús está atento
a cada uno y tiene muchos amigos.

24

JESÚS CRECE, LLENO DE SABIDURÍA

Jesús sigue estudiando la tradición y escucha a los sabios.
Aprende también hebreo, la lengua de la religión judía.
Crece y se fortalece, lleno de sabiduría. Y la gracia de Dios está con él.

BUSCA Y ENCUENTRA

LA FIESTA DE LA PASCUA

Cada año, los judíos peregrinan a Jerusalén por la fiesta de la Pascua.
Es un viaje de varios días. Jesús, María y José duermen en campamentos
a orillas del Jordán. Para Jesús y los niños de su pueblo es una fiesta.

Jesús tiene ya doce años. Después de la fiesta de la Pascua en Jerusalén, no se va
con los demás niños para el regreso. Durante tres días, María y José, inquietos por no verle,
le buscan por todas partes y vuelven. Terminan por encontrarle en Jerusalén,
en el Templo, en medio de los doctores de la Ley: los escuchaba y les hacía preguntas,
y todos los que le oían quedaban maravillados por sus respuestas.

BUSCA Y ENCUENTRA

LA VIDA OCULTA EN NAZARET

Jesús alcanzará la edad adulta antes de darse a conocer como el Hijo de Dios.
En la espera, sigue viviendo tranquilamente en Nazaret, rodeado del amor de María,
su madre, y de José, que le cuida como un padre.

BUSCA Y ENCUENTRA

EN LA MISMA COLECCIÓN

Este libro, publicado por
Ediciones Rialp, S. A.,
Manuel Uribe 13-15, 28033
Madrid, se terminó de
imprimir en Gráficas La Paz,
el día 29 de febrero de 2024.